Bernhard Lassahn

Das will ich wissen

Piraten

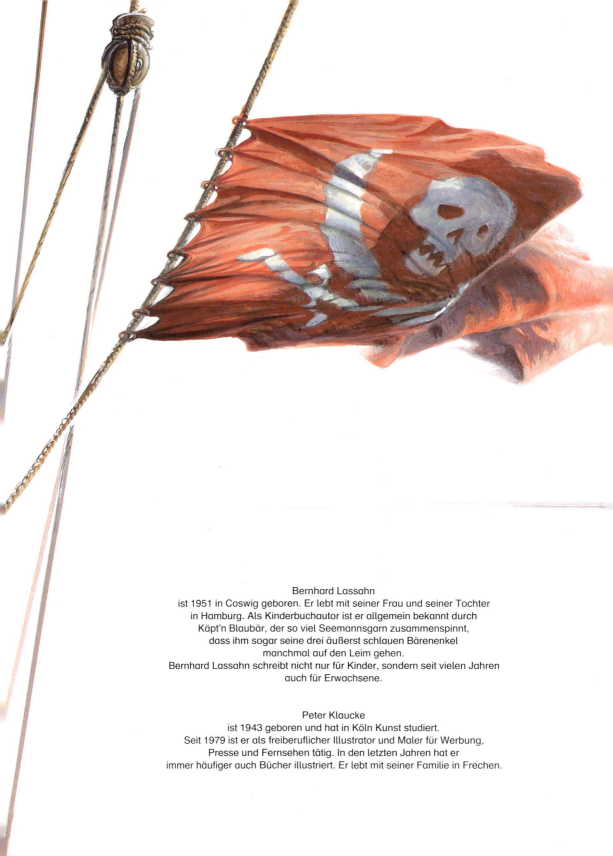

Bernhard Lassahn
ist 1951 in Coswig geboren. Er lebt mit seiner Frau und seiner Tochter
in Hamburg. Als Kinderbuchautor ist er allgemein bekannt durch
Käpt'n Blaubär, der so viel Seemannsgarn zusammenspinnt,
dass ihm sogar seine drei äußerst schlauen Bärenenkel
manchmal auf den Leim gehen.
Bernhard Lassahn schreibt nicht nur für Kinder, sondern seit vielen Jahren
auch für Erwachsene.

Peter Klaucke
ist 1943 geboren und hat in Köln Kunst studiert.
Seit 1979 ist er als freiberuflicher Illustrator und Maler für Werbung,
Presse und Fernsehen tätig. In den letzten Jahren hat er
immer häufiger auch Bücher illustriert. Er lebt mit seiner Familie in Frechen.

Bernhard Lassahn

Das will ich wissen
Piraten

Mit Bildern von
Peter Klaucke

In neuer Rechtschreibung

6. Auflage 2002
© 1996 by Arena Verlag GmbH, Würzburg
Alle Rechte vorbehalten
Einband und Illustration: Peter Klaucke
Einbandgestaltung: Bernhard Hartlieb
Gesamtherstellung: westermann druck GmbH, Braunschweig
ISBN 3-401-04597-0

Inhalt

Pedros erste Seereise	6
Geschichte	
Piraten an Bord!	14
ausklappbarer Bildteil	
Piraten und Freibeuter	20
Fertig zum Entern!	24
Fette Beute	30
Ein paar Tricks	32
Berühmte Freibeuter und Piraten	36
Alles nur Seemannsgarn?	40
Den Piraten auf der Spur	45
Wo ist der Piratenschatz versteckt?	46
Beschäftigungstipp	

Pedros erste Seereise

Pedro ist furchtbar aufgeregt.
Zum ersten Mal darf er
mit seinem Vater
auf dem großen Schiff mitfahren.
Sein Vater ist Kaufmann.
Das will Pedro auch mal werden.

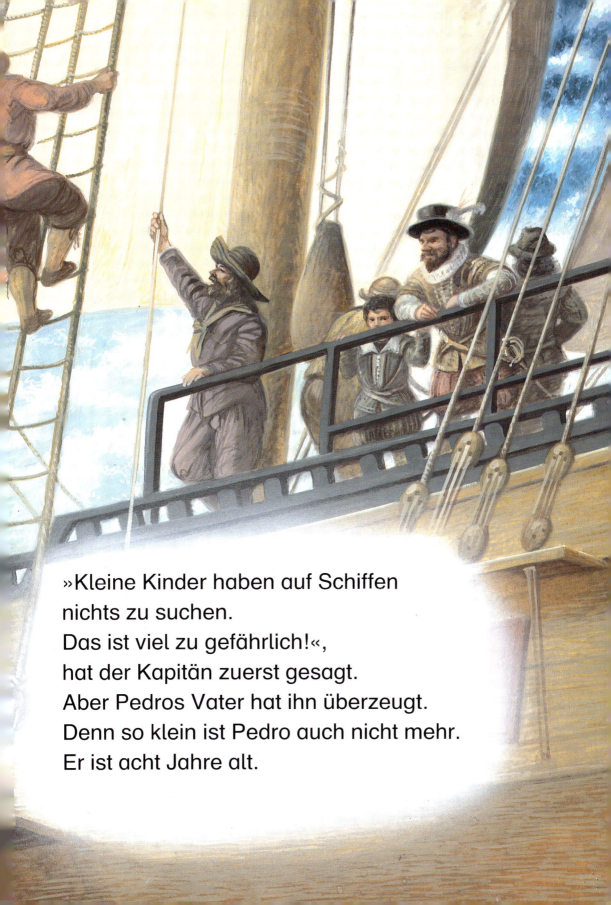

»Kleine Kinder haben auf Schiffen
nichts zu suchen.
Das ist viel zu gefährlich!«,
hat der Kapitän zuerst gesagt.
Aber Pedros Vater hat ihn überzeugt.
Denn so klein ist Pedro auch nicht mehr.
Er ist acht Jahre alt.

Wenn nur die Piraten nicht wären!
Sie sollen grausam sein
und jeden sofort töten.
Das erzählt man sich jedenfalls.
Pedro geht mit seinen Eltern
noch mal in die Kirche und betet,
dass die Reise glücklich verläuft.

Natürlich nehmen sie Wachen mit.
Und sie reisen nicht alleine.
Sechs Handelsschiffe,
von denen eins sogar
Kanonen an Bord hat,
laufen aus dem Hafen
von Barcelona aus.

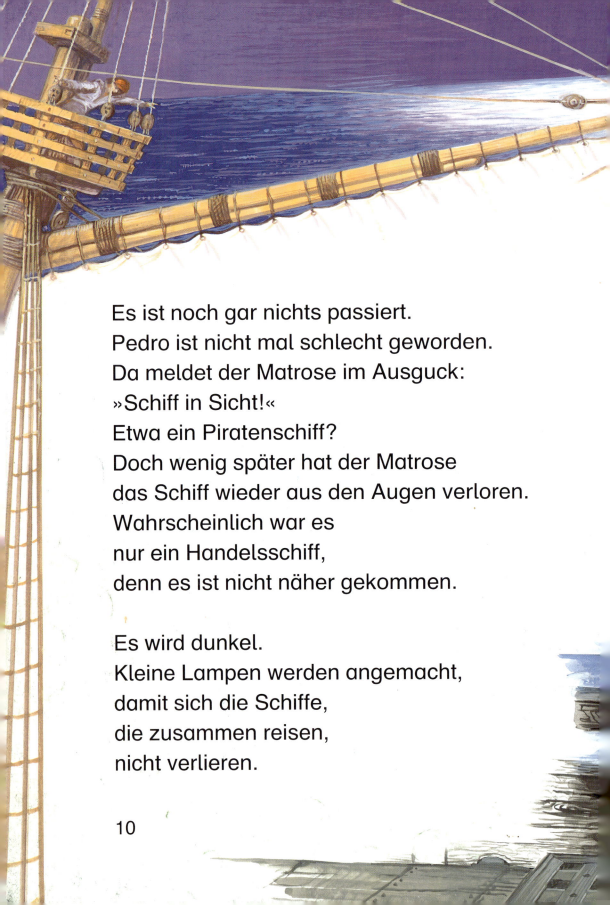

Es ist noch gar nichts passiert.
Pedro ist nicht mal schlecht geworden.
Da meldet der Matrose im Ausguck:
»Schiff in Sicht!«
Etwa ein Piratenschiff?
Doch wenig später hat der Matrose
das Schiff wieder aus den Augen verloren.
Wahrscheinlich war es
nur ein Handelsschiff,
denn es ist nicht näher gekommen.

Es wird dunkel.
Kleine Lampen werden angemacht,
damit sich die Schiffe,
die zusammen reisen,
nicht verlieren.

Plötzlich sind sie da: Piraten!
Keiner hat sie kommen sehen.
Von allen Seiten
klettern sie am Schiff hoch.
Es sind so viele auf einmal,
dass die Wachen sich sofort ergeben.

Entsetzt schaut Pedro zu,
wie die Piraten das Schiff erobern.
Zwei übernehmen sofort das Ruder.
Einer löscht die kleinen Lichter,
damit die anderen Schiffe
nicht zu Hilfe kommen können.
Die übrigen Piraten kämpfen sich
bis zum Kapitän vor.
Wenn der aufgibt,
ist das Schiff besiegt.

Pedro und sein Vater
werden gefesselt.
»Hab keine Angst«,
flüstert der Vater Pedro zu,
»die sehen zwar gefährlich aus,
aber sie werden uns nichts tun.
Die wollen nur Lösegeld.
Ich habe zu Hause
schon was beiseite gelegt.«

Trotzdem. Pedro hat Angst.
Auch wenn ihm sein Vater erklärt,
dass alle Kaufleute
für so einen Fall Geld zurücklegen.
Aber Pedro ist auch sehr neugierig.
Als Gefangener wird er
das Leben der Piraten
ganz aus der Nähe kennenlernen.
Wenn er wieder zurückkommt,
gibt es bestimmt viel zu erzählen.

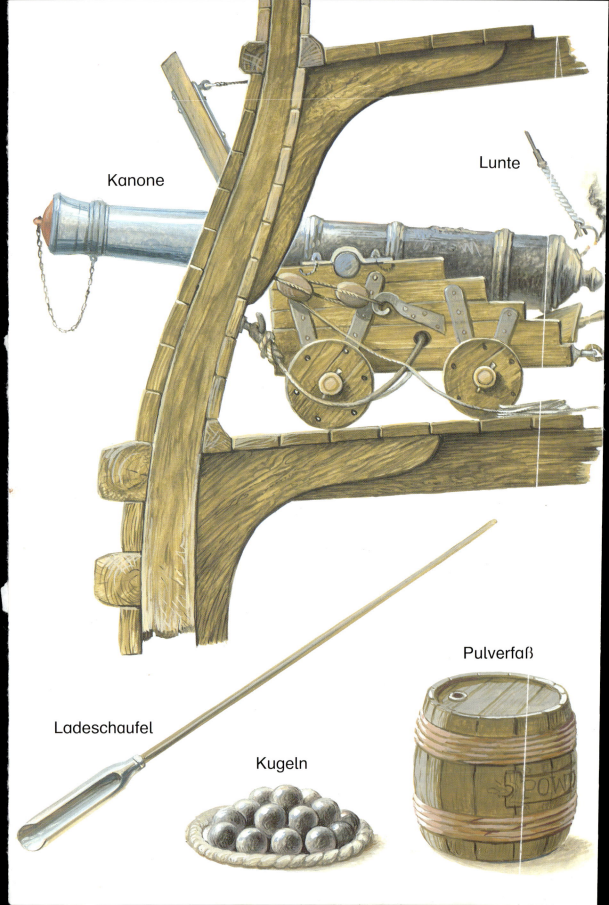

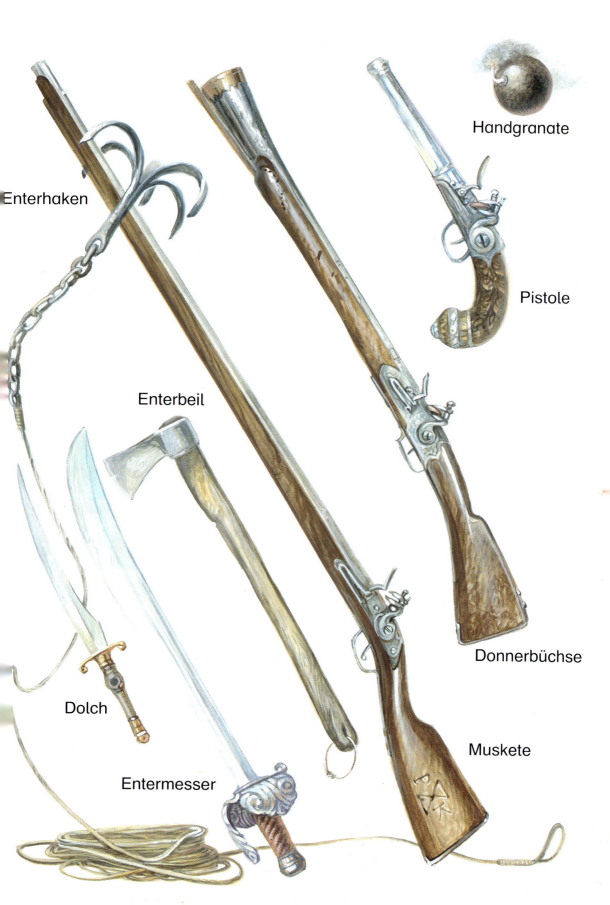

Piraten und Freibeuter

Piraten sind Seeräuber.
Es gab sie zu allen Zeiten
und auf allen Meeren.
Sie lebten davon,
dass sie friedliche Schiffe
überfielen und ausraubten.

Arabische Dau
seit 1600 Jahren

Wikingerschiff
vor 1000 Jahren

Chinesische
Dschunke
seit 2000 Jahren

Segelschiff
1917

Piraten waren wilde Kerle.
Oft waren es freche Matrosen,
die ihrem Kapitän
nicht mehr gehorchen wollten
und gemeutert hatten.
Oder es waren entflohene Sklaven.
Manchmal passierte es aber auch,
dass arme Seeleute gezwungen wurden,
bei den Piraten mitzumachen.

Man konnte nicht viel
gegen die Piraten machen.
Manche wurden
von einem mächtigen König
oder einer Königin beschützt.

Königin Elisabeth I.

Der Freibeuter
Sir Francis Drake

Die konnten sich
überall im Land verstecken
und durften ihre Beute
auf den Märkten frei verkaufen.
Solche Piraten nennt man Freibeuter.
Sie bekamen von ihrem König
sogar einen Kaperbrief.
Darin stand,
welche Schiffe sie ausrauben durften.
Manche dieser Freibeuter
lebten selber wie kleine Könige.

Die echten Piraten dagegen
galten als schlimme Räuber
und wurden von allen gejagt.

Fertig zum Entern!

»Alles fertig zum Entern!«
Die Piraten trinken noch
einen kräftigen Schluck Rum.
Dann spritzen sie die Segel nass,
damit ihr Schiff nicht in Brand gerät.

Der Pirat im Ausguck
hat ein schwer beladenes
holländisches Handelsschiff gesichtet.
Das wollen sie erbeuten.
Damit die Holländer
keinen Verdacht schöpfen,
haben die Piraten
den Namen ihres Schiffes übermalt
und eine holländische Flagge gehisst.
Sie haben immer
verschiedene Flaggen dabei.

Die Piraten winken freundlich.
Manche haben sich sogar
als Frauen verkleidet.

Die holländischen Matrosen sollen denken:
»Ach, Frauen, die sind bestimmt harmlos.«

Die Piraten kommen immer näher
an das Handelsschiff heran.
Erst im letzten Moment
wird die Piratenflagge hochgezogen.
Ehe die Holländer kapiert haben,
was los ist,
haben die Piraten
schon ihre Enterhaken festgemacht
und klettern schnell am Schiff hoch.

Es entbrennt ein heftiger Kampf,
Mann gegen Mann.
Die Holländer müssen sich bald ergeben
und bitten um Gnade.

Die Piraten kämpften vor allem
mit Krummsäbeln
und mit langen Messern.
Nur wenige hatten Pistolen.
Mit den Pistolen
konnte man nicht gut zielen
und immer nur einen Schuss abgeben.
Dann brauchte man ziemlich lange,
um den zweiten Schuss vorzubereiten.
Der Pirat Schwarzbart
hatte deshalb immer gleich fünf Pistolen
griffbereit in seinem Gürtel.

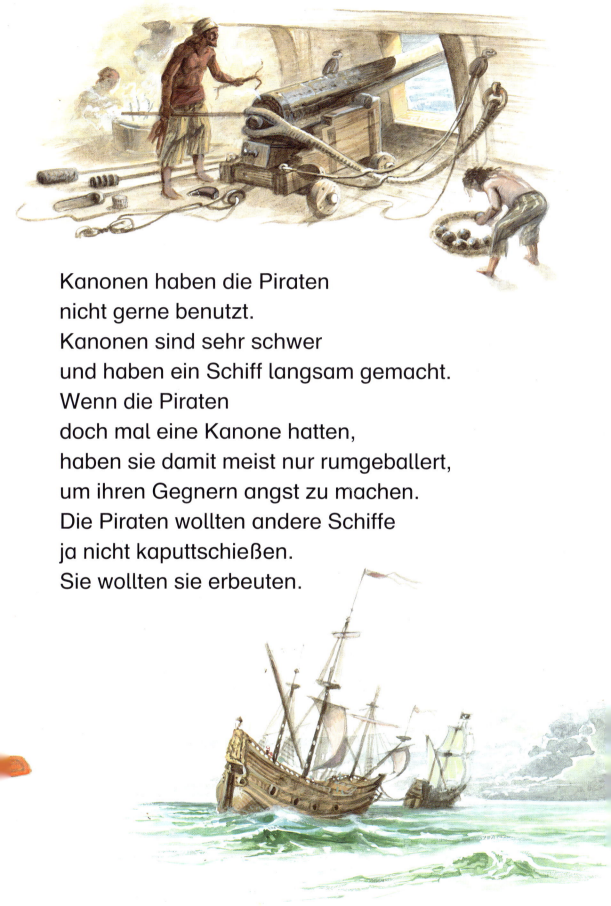

Kanonen haben die Piraten
nicht gerne benutzt.
Kanonen sind sehr schwer
und haben ein Schiff langsam gemacht.
Wenn die Piraten
doch mal eine Kanone hatten,
haben sie damit meist nur rumgeballert,
um ihren Gegnern angst zu machen.
Die Piraten wollten andere Schiffe
ja nicht kaputtschießen.
Sie wollten sie erbeuten.

Fette Beute

Am liebsten wollten die Piraten
Gold, Silber, Edelsteine
und Münzen rauben.
Auch kostbare Stoffe, Gewürze,
Schießpulver, Kakao und Rum
waren sehr begehrt.
Die Schätze wurden
auf einer Insel versteckt.
Alles, was die Piraten nicht brauchten,
wurde gleich wieder verkauft.

Auch die Menschen,
die ihnen in die Hände gefallen waren.
Die brachten auf dem Sklavenmarkt
viel Geld ein.
Nur reiche Leute wurden verschont,
denn für die konnte man
hohe Lösegelder bekommen.
Es gab auch Schiffe,
die extra losfuhren,
um Menschen zu fangen.
Aus Afrika wurden Tausende verschleppt
und in Amerika als Sklaven verkauft.

Ein paar Tricks

Piraten haben immer versucht,
ihre Opfer zu überraschen.
Erst sind sie den ganzen Tag
extra langsam
hinter einem Schiff hergefahren.
Die Matrosen mussten glauben,
ein schwer beladenes Handelsschiff
fährt hinter ihnen her.
Im Dunkeln haben die Piraten
dann schnell aufgeholt.

Um langsam zu fahren,
haben die Piraten leere Fässer
als Treibanker verwendet.

Oder sie sind gekommen,
wenn ein Schiff schon im Hafen lag
und sich alle sicher fühlten.
Dann sind die Piraten
einfach an der Ankerkette hochgeklettert.

Sie haben auch oft versucht,
ihre Opfer so einzuschüchtern,
dass sie gleich freiwillig aufgaben.
Dann musste nicht gekämpft werden.

Also haben die Piraten alles getan,
um den Matrosen gehörig Angst einzujagen.
Man nennt das: Wind machen.

Sie haben laut rumgegrölt,
wild mit ihren Säbeln gefuchtelt
und Stinkbomben und Feuertöpfe
auf das andere Schiff geworfen.

Auch die Piratenflagge
sollte friedlichen Seeleuten Furcht einjagen.
Deswegen waren
möglichst schreckliche Sachen
darauf abgebildet.

Zum Windmachen gehörte auch,
dass die Piraten viele Schauergeschichten
über sich verbreiteten.
Alle Seeleute sollten sich erzählen,
wie blutrünstig die Piraten sind.

Berühmte Freibeuter und Piraten

Einer der reichsten Freibeuter
war der Engländer Sir Francis Drake.
Er besaß so viel Gold und Edelsteine,
dass er kein Silber mehr raubte.
Dafür war einfach kein Platz mehr.

Einmal hat ihn die Königin von England
auf seinem Schiff besucht und gestaunt:
Die Segel waren aus kostbaren Stoffen,
und jeder Matrose
trug glänzende Goldketten um den Hals.

Der Pirat Schwarzbart,
der eigentlich Edward Teach hieß,
war vermutlich der wildeste Seeräuber,
der je gelebt hat.
Er hat sich brennende Lunten
auf seinen Hut gelegt,
damit er stets
von einer Rauchwolke umgeben war.
Gewaschen hat er sich nie.
Er hat furchterregend ausgesehen
und schrecklich gestunken,
und er war auch noch stolz darauf.
Man erzählte sich sogar,
dass er mit fünf Kugeln im Leib
trotzdem weiterlebte.

In der Nordsee
raubte Klaus Störtebeker die Schiffe aus.
Er hatte viele Freunde an Land,
weil er den armen Leuten
immer etwas von seinen Schätzen abgab.
Piraten, die ihre Beute
an die Armen verteilten
und ihre Opfer verschonten,
nennt man edle Piraten.

Die Piraten wollten keine Frauen
auf ihren Schiffen haben.
Anne Bonny aber
wollte gerne Seeräuberin werden
und schaffte es auch.
Sie hat sich einfach
immer als Mann verkleidet.
Einmal traf sie
einen besonders hübschen Matrosen
und verliebte sich in ihn.
Ihm verriet Anne Bonny,
dass sie in Wahrheit eine Frau war.
Da hat sie erfahren,
dass der hübsche Matrose
auch eine Frau in Männerkleidern war.
Die beiden wurden dicke Freundinnen
und galten als die kühnsten Seeräuber
des Karibischen Meeres.

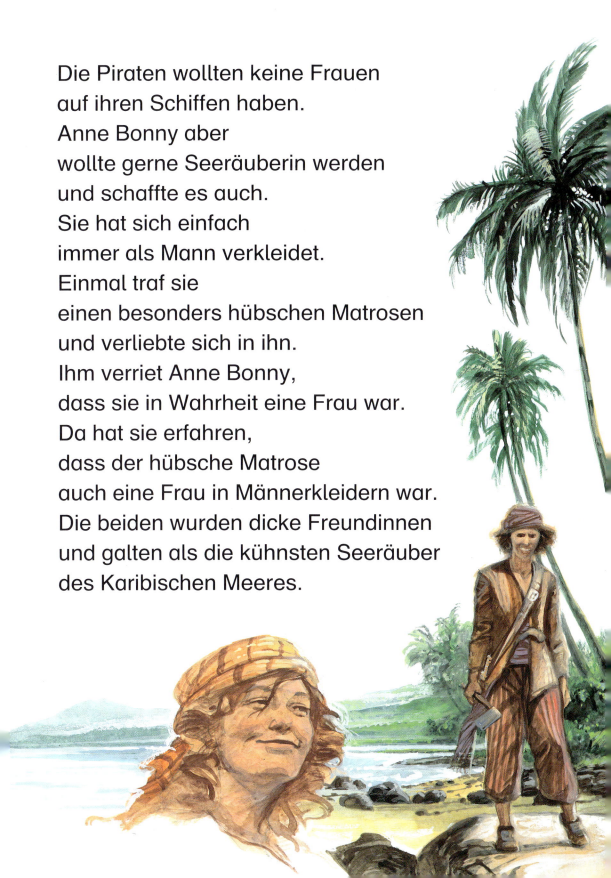

Alles nur Seemannsgarn?

Vieles, was wir über Piraten hören,
stimmt gar nicht.
Die Piraten haben ja selber dafür gesorgt,
dass viele Gruselgeschichten
verbreitet wurden.

Aber vieles weiß man doch.
Der Schriftsteller Daniel Defoe,
der »Robinson Crusoe« geschrieben hat,
ist selbst einmal
von Piraten überfallen worden
und hat als Gefangener bei ihnen gelebt.
Von ihm wissen wir,
wie es wirklich zuging.

Piraten haben ihren Kapitän
selber gewählt.
Sie haben alles gerecht geteilt.
Wer seine Kameraden betrog,
wurde zur Strafe
auf einer einsamen Insel ausgesetzt.

Es gab strenge Regeln,
an die sich alle halten mussten.
An Bord durften sich die Piraten
nicht mal zanken.
Wenn sie unbedingt streiten wollten,
mussten sie solange an Land gehen.

Piraten haben sich oft gelangweilt.
Sie haben gewürfelt
oder Karten gespielt.
Sie haben ihre Waffen geputzt
und ein bisschen
mit ihren Pistolen rumgeballert.
Manchmal lebten 250 Piraten
auf einem kleinen Schiff.
Alle schliefen in Hängematten.
Gemütlich war das nicht.

Das Essen war sehr schlecht.
Meist gab es nur trockenen Zwieback,
gekochte Schlangen oder Schildkröten.
Die Piraten haben oft im Dunkeln gegessen,
damit sie nicht sehen mussten,
wie vergammelt ihr Essen schon war.
Es schmeckte so schlecht,
dass sie es nur hinunterwürgen konnten,
wenn es stark gewürzt war.
Gewürze waren daher kostbar wie Gold.

Die echten Piraten hatten kein Zuhause
und meist auch keine Familie.
Sie fühlten sich nirgendwo sicher.
Sie hatten ständig Angst,
dass sie eines Tages geschnappt wurden
und an den Galgen mussten.

Einmal haben die Piraten
ein eigenes Land gegründet.
Es hieß »Liberta«
und lag auf der Insel Madagaskar.
Es durfte dort nicht mal Zäune geben,
weil alles allen gehören sollte.
Doch die Einwohner von Madagaskar
haben die Piraten wieder vertrieben.

Den Piraten auf der Spur

Nach vielen Schätzen der Piraten
wird immer noch gesucht.
Manche forschen
in den Klippen von Helgoland
nach Spuren von Störtebeker.

Die größten Schätze
werden auf der Kokosnussinsel vermutet.
Da soll die Beute eines Piraten
vergraben sein,
der sich »Benito Bonito
mit dem blutigen Schwert« nannte.
Ein deutscher Kapitän
hat dreißig Jahre lang
nach den Schätzen gesucht,
aber nichts gefunden.
Als er zurückkam,
klebte im Matsch an seinen Stiefeln
ein einziges Goldstück.

Wo ist der Piratenschatz versteckt?

Zufällig bist du in den Besitz einer Karte und eines geheimen Planes geraten. Hier ist die Karte:

Hier ist der geheime Plan.
Wie findest du den Piratenschatz?
Nimm die Karte
und Bleistift und Lineal zu Hilfe.

Gehe vom Anlegesteg aus auf geradem Wege zur alten Blockhütte, dann in Richtung Norden zu den drei Holzkreuzen. Von hier aus musst du zur nächsten Insel rüberschwimmen. Wenn du wieder erholt bist, schwimmst du weiter zur Krokodilbucht. Versuche dann, zum Fischerdorf zu schleichen, ohne dass dich jemand sieht. Gehe weiter bis zum Sumpfgelände — unbedingt große Stiefel anziehen! — und schlage dich auf kürzestem Weg bis zur Schlangengrube durch. Nun kannst du zurück zum Anlegesteg — denn nun weißt du, wo der Schatz versteckt ist. Oder?

Lösung: Wenn du die Punkte verbindest, ergibt sich ein Pfeil – der Schatz ist auf der Papageien-Insel vergraben.